BOEKANALYSE

AF156540

De aanval
. . . .

Yasmina Khadra

BOEKANALYSE

Geschreven door David Noiret
Vertaald door Nikki Claes

De aanval

YASMINA KHADRA

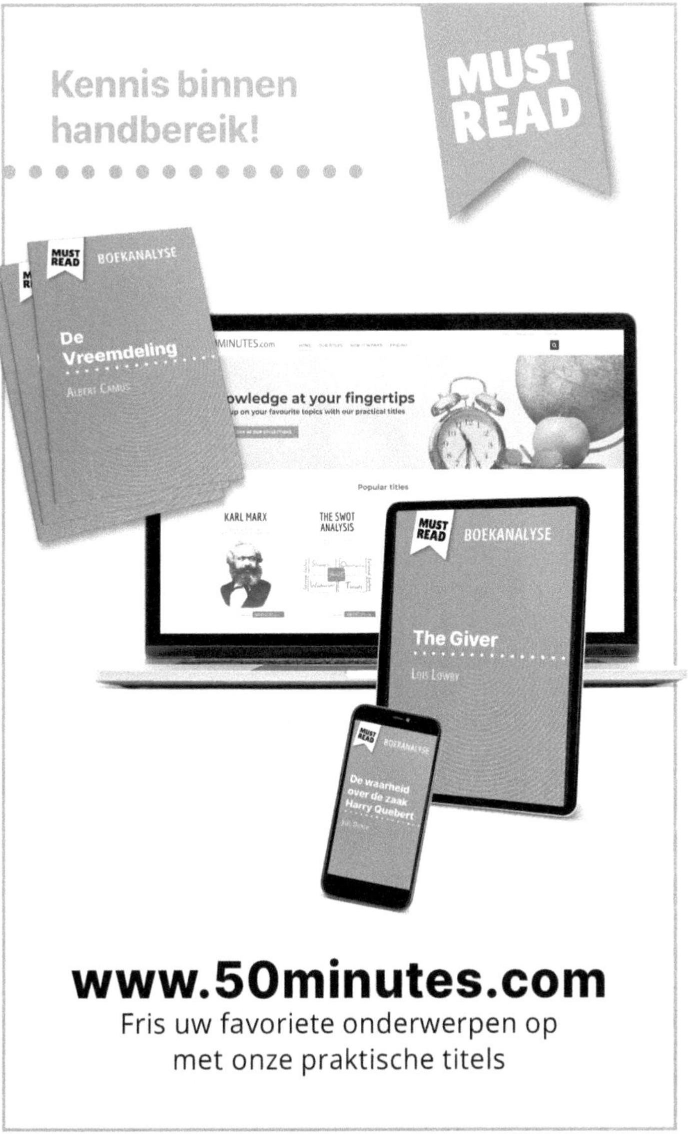
Kennis binnen handbereik!
MUST READ
MUST READ
BOEKANALYSE
De Vreemdeling
Albert Camus
Popular titles
KARL MARX
THE SWOT ANALYSIS
BOEKANALYSE
The Giver
Lois Lowry
BOEKANALYSE
De waarheid over de zaak Harry Quebert
www.50minutes.com
Fris uw favoriete onderwerpen op
met onze praktische titels

YASMINA KHADRA

ALGERIJNS SOLDAAT EN SCHRIJVER

- **Geboren in Kenadsa (Algerijnse Sahara) in 1955.**
- **Opmerkelijke werken:**
  - *De zwaluwen van Kabul* (2002), roman
  - *De Sirenen van Bagdad* (2006), roman
  - *Wat de dag de nacht schuldig is* (2008), roman

Yasmina Khadra is het pseudoniem van Mohammed Moulessehoul, die de twee voornamen van zijn vrouw als pseudoniem gebruikte. Khadra is een van de meest invloedrijke Algerijnse auteurs van dit moment en schrijft in het Frans. Hij werd op 10 januari 1955 geboren in Kenadsa, in de Algerijnse Sahara. Voordat hij romanschrijver werd, diende hij als officier in het Algerijnse leger en nam hij deel aan de oorlog tegen het terrorisme. In 2000 verliet hij het leger om zich fulltime aan het schrijven te wijden.

Zijn bekendste werken zijn *The Swallows of Kabul* en *The Sirens of Baghdad*, die samen met *The Attack* (2005) een los met elkaar verbonden trilogie vormen over de spanning tussen het Oosten en het Westen, en *What the Day Owes the Night, dat* in 2012 werd verfilmd.

DE AANVAL

IN DE FRONTLINIE VAN HET ISRAËLISCH-PALESTIJNSE CONFLICT

- **Genre:** roman

- **Referentie-uitgave:** Khadra, Y. (2007) *De aanval*. Cullen, J. Trans. Londen: Vintage.

- **1e druk:** 2005

- **Thema's:** liefde, geweld, haat, Israëlisch-Palestijns conflict, religie, multiculturalisme

De aanval werd voor het eerst gepubliceerd in het Frans in 2005, en werd het jaar daarop in het Engels vertaald. Het heeft verschillende literaire prijzen gewonnen, waaronder de Prix des Libraires in 2006. De roman wordt verteld door Amin, een chirurg die werkt in Tel Aviv, dat wordt geteisterd door het Israëlisch-Palestijnse conflict. Na een zelfmoordaanslag in het stadscentrum verneemt hij dat de dader niemand minder is dan zijn vrouw Sihem, die bereid was te sterven voor de Palestijnse zaak. Zijn wereld staat op zijn kop, en vanaf dat moment wordt zijn leven bepaald door zijn strijd om te begrijpen wat haar tot zo'n verschrikkelijke daad zou kunnen hebben gedreven.

Hoewel deze roman zich baseert op een politieke en culturele realiteit die de publieke opinie over de hele wereld nog steeds verdeelt, kiest hij geen partij in het conflict: in plaats daarvan schetst hij een beeld van de mensheid door de levens van de mensen die er middenin zitten.

SAMENVATTING

EEN VRESELIJKE SCHOK

Het ziekenhuis in Tel Aviv is in chaos veranderd na een zelf-moordaanslag die zojuist heeft plaatsgevonden in een restaurant in de wijk Hakirya. De aanslag eiste een zware tol: 19 mensen werden gedood, en nog veel meer raakten gewond. Amin Jaafari, een Palestijnse chirurg die goed geïntegreerd is in de Joodse gemeenschap in Israël, voert de hele nacht noodoperaties uit op de overlevenden. Wanneer hij naar huis terugkeert, vertelt Navid Ronnen, een vriend die bij de politie werkt, hem dat hij nodig is in het ziekenhuis. Tot zijn grote verbazing en ontzetting wordt hem gevraagd het stoffelijk overschot van zijn vrouw, Sihem, te identificeren. Amin valt flauw van de schok.

Amin wordt verdacht van medeplichtigheid en wordt in hechtenis genomen. Hij wordt ondervraagd door kapitein Moshé, maar wordt uiteindelijk vrijgelaten dankzij Navid. Een paar dagen later wordt hij in elkaar geslagen door een groep jonge Israëliërs, die hem ervan beschuldigen een verrader te zijn, en zijn collega Kim Yehuda laat hem een tijdje bij haar logeren. Amin wordt gekweld door vragen en twijfels, en kan niet accepteren dat zijn vrouw de zelfmoordaanslag heeft georkestreerd, totdat hij in zijn huis een brief vindt die vanuit Bethlehem is gepost. In de brief smeekt Sihem hem om vergiffenis. Hij besluit zijn spullen te verzamelen en naar Palestina te vertrekken, op zoek naar elk teken dat hij eerder over het hoofd zou hebben gezien en dat hem in staat zou stellen de motieven van zijn vrouw te begrijpen.

IN DE VOETSPOREN VAN SIHEM TREDEN

Kim besluit Amin te helpen bij zijn zoektocht naar de waarheid en vergezelt hem op zijn reis naar Jeruzalem en Bethlehem, waar Sihem voor de aanslag verbleef.

In Bethlehem wordt Amin herenigd met zijn pleegzus Leila en haar man Yasser. Zij zijn trots op Sihem's daden, net als iedereen in de stad. Terwijl hij bij hen thuis is, merkt Amin de crèmekleurige Mercedes op waarvan een getuige beweert dat hij zijn vrouw heeft zien instappen rond de tijd dat ze Amin had verteld dat ze de bus naar Kafr Kanna zou nemen.

Amin brengt verschillende bezoeken aan de Grote Moskee, waar Imam Marwan Sihem de avond voor de aanslag had gezegend. Een gewapende islamitische groep belemmert echter zijn pogingen om contact te leggen met de imam, omdat zij hem als een verrader beschouwen – hij is niet welkom op Palestijns grondgebied, omdat Israëlische troepen naar hem op zoek zijn. Maar uiteindelijk loont zijn doorzettingsvermogen en kan hij de religieuze leider spreken. De ontmoeting tussen de twee mannen is gespannen. Net dan wordt zijn huis in Tel Aviv vernield.

Uiteindelijk wordt Amin ontvoerd door een islamitische terreurcel. Hij wordt voor een van hun leiders gebracht, die zegt dat hij vereerd is in de aanwezigheid te zijn van de man van een zelfmoordterrorist. Hun zaak druist echter in tegen alles waarin Amin gelooft: terwijl de terroristenleider een pad van geweld en vernietiging heeft gekozen, heeft Amin de weg van genezing en leven gekozen.

IN HET HART VAN HET CONFLICT

Na deze ontmoeting met de terroristenleider keren Kim en Amin terug naar Tel Aviv. Amin gaat terug naar huis, en begint het lange proces om zijn huis en zijn gedachten weer op orde te krijgen. Plotseling herinnert hij zich iets: de laatste woorden die Sihem ooit tegen hem zei, namelijk dat ze hem niet graag alleen liet, en dat het voor haar een eeuwigheid zou zijn. Dan beseft hij dat dit haar manier was om hem te vertellen dat ze elkaar nooit meer zouden zien: het was het teken dat hij destijds niet had herkend en waarnaar hij sindsdien op zoek was. Amin bladert door een fotoalbum en ziet een foto van zijn neef Adel naast Sihem staan, hoewel hij niet wist dat ze elkaar ooit hadden ontmoet. Amins honger naar de waarheid zwelt opnieuw aan, en hij besluit zijn onderzoek voort te zetten door naar Kafr Kanna te gaan, waar hij verneemt dat zijn vrouw mogelijk een affaire had met Adel.

Amin spoort Adel op naar Jenin, de stad waar hij opgroeide en waar enkele van de bloedigste botsingen plaatsvonden tussen de Israëlische strijdkrachten en Palestijnse verzetscellen. Aan de andere kant van de muur die de twee gemeenschappen op de Westelijke Jordaanoever van elkaar scheidt, wordt hij geconfronteerd met de volle omvang van de verschrikkingen van de oorlog en komt hij meer te weten over de acties van Sihem. Zij had de aanslag al lange tijd gepland, en had in hun huis zelfs bijeenkomsten gehouden voor voorstanders van de Palestijnse zaak.

EEN WERELD WAAR DE DOOD EEN DOEL OP ZICH IS

In Jenin wordt Amin herenigd met zijn familie, waaronder zijn neef Jamil, die hem in contact kan brengen met Adel. Amin wordt ervan verdacht een spion te zijn voor de Shin Bet (de Israëlische contraspionagedienst), en wordt gevangen genomen en voor een groep mujahideen gesleept, die hem al snel doen beseffen hoe machteloos hij is en hem de ware betekenis van haat en vernedering leren. Zes dagen lang martelen ze hem onder dreiging van executie, maar op de zevende dag wordt hij vrijgelaten, terwijl Adel toekijkt. Adel heeft zich achter de islamitische zaak geschaard en legt Amin uit hoe alles begonnen is en verzekert hem ervan dat hij en Sihem nooit een verhouding hebben gehad.

De standpunten van de twee mannen zijn echter onverenigbaar: "Ik pas niet in de wereld die hij beschrijft. Daar is de dood een doel op zich. Voor een arts is dat te veel om te slikken" (p. 229). Uiteindelijk wordt Amin door zijn kleinzoon Wissam naar Omr, de patriarch van de familie Jaafari, gebracht. Dit respijt is echter van korte duur: Wissam pleegt zelf een zelfmoordaanslag, en kort daarna komen Israëlische bulldozers het huis van Omr met de grond gelijk maken zodat joodse kolonisten zich er kunnen vestigen. De hele familie wordt geëvacueerd en Omr's kleindochter Faten verdwijnt kort daarna.

Amin verneemt dat zij naar de moskee in Jenin is gebracht om de zegen te ontvangen van sjeik Marwan, een invloedrijke man die veel respect afdwingt vanwege zijn leeftijd en zijn contacten, die onder de Palestijnen oproept en hen aanmoedigt terug te vechten tegen Israël in plaats van passief toe te kijken. Amin gaat naar Jenin, wanhopig op zoek naar Faten om een nieuwe zelfmoordaanslag te voorkomen. Maar hij is te laat: de preek wordt onderbroken door een drone-alarm, een raket ontploft vlak bij de auto van de sjeik, en Amin komt in de explosie terecht. Terwijl hij op het randje van de dood ligt, krijgt hij een visioen van zijn jongere, gelukkigere zelf. Hij krijgt eerste hulp en wordt naar het ziekenhuis gebracht, maar de medische hulpverleners die ter plaatse zijn gestuurd kunnen zijn leven niet redden.

KARAKTERSTUDIE

AMIN JAAFARI

Amin Jaafari is de hoofdpersoon en verteller van de roman. Hij woont in Tel Aviv, de hoofdstad van Israël, en werkt als chirurg. Hij staat symbool voor de succesvolle integratie van een Palestijn in Israël, want hij wordt in de regio gerespecteerd en zijn reputatie reikt tot in Palestina. Dankzij zijn baan kan hij een comfortabel leven leiden in de middenklasse en bezit hij een prachtig huis in een van de chicste wijken van Tel Aviv. Hij heeft een solide ondersteunend netwerk bestaande uit zijn vriend Navid Ronnen, zijn collega Kim Sehuda en zijn baas Ezra Benhaim, met wie hij een hechte band heeft. Ondertussen heeft een andere collega, Ilan Ros, hem geholpen een tweede huis te vinden aan de kust bij Ashkelon. Uit dit alles blijkt dat Amin vóór de aanslag goed geassimileerd was in de Israëlische samenleving.

Als chirurg redt hij dagelijks het leven van zijn patiënten en is hij goed in wat hij doet. In zijn ogen zijn mensenlevens meer waard dan welke zaak dan ook: "Ik haat oorlogen en revoluties en deze drama's van verlossend geweld […] Ik ben chirurg", zegt hij (p. 167).

Amin is de zoon van een bedoeïen en heeft Arabische en islamitische wortels. Als ongelovige die in het Joodse land Israël woont, bevindt hij zich op het kruispunt tussen twee naties. Hij heeft geen persoonlijk belang bij het Israëlisch-Palestijnse conflict, totdat hij ontdekt dat zijn vrouw zichzelf in naam daarvan heeft gemarteld. Ze zijn 15 jaar getrouwd en zijn geen praktiserende moslims, hoewel Sihem de ramadan wel in acht neemt. Dan realiseert hij zich dat hij alleen een geïdealiseerde versie van zijn vrouw heeft gekend, die alleen in zijn hoofd bestond: "Nu ik erover nadenk, hoe kon ik haar geleefd hebben als ik nooit ophield haar te dromen?" (p. 184).

Amin heeft een sterk eergevoel, wat hem ertoe aanzet op zoek te gaan naar de waarheid over zijn vrouw. Daarbij komt hij in aanraking met fundamentalisten, waarbij hij zijn eigen leven op het spel zet. De roman heeft een cirkelvormige vertelling, met zowel de openings- als de slotscène die het apocalyptische bloedbad beschrijven dat wordt aangericht wanneer de auto van sjeik Marwan wordt opgeblazen. Amin mag dan een vreemde zijn in het conflict, toch belandt hij in de frontlinies van de gruwel die zijn vaderland overspoelt, en komt hij om het leven bij een Israëlische drone-aanval.

SIHEM

Sihem was de vrouw van Amin tot ze zelfmoord pleegde in Tel Aviv. Ze komt niet voor in de roman, behalve via de herinneringen en beschrijvingen van Amin en de andere personages over haar.

Het portret dat haar man van haar schetst, verandert en wordt in de loop van de roman tegenstrijdiger. Hoewel haar jeugd in Palestina moeilijk was, wordt Sihem beschreven als gelukkig, zij het gereserveerd. Sihem en Amin hadden een liefdevolle relatie: ze hadden een sterke band, reisden vaak samen en hadden een grote vriendenkring. Al met al leidden ze een gelukkig leven in Israël.

De zelfmoordaanslag laat echter zien dat schijn bedriegt, en Amin ontdekt een heel andere kant van het karakter van zijn vrouw, die nog scherper wordt wanneer hij Adel ontmoet, die hem vertelt: "Sihem was er niet zo zeker van dat ze haar geluk verdiende […] Ze wilde het verdienen om te leven, haar reflectie in de spiegel verdienen […] niet alleen om van haar geluk te genieten" (pp. 227-228). Vervolgens voegt hij eraan toe: "Sihem voelde zich dichter bij haar volk dan in jouw beeld van haar. Misschien was ze gelukkig, maar niet gelukkig genoeg" (p. 227).

ADEL

Adel is de zoon van Yasser en Leila, de zus van Amin, waardoor hij de neef van de chirurg is. Hij noemt Amin "Ammu" ("oom"). Amin gelooft dat zijn neef een eerbare, goedwillende jongeman is, totdat hij de waarheid ontdekt: dat Adel deel uitmaakt van een groep islamisten die strijden voor de Palestijnse zaak. Adel is een twintiger en heeft veel respect voor Sihem, die hem "zonder slag of stoot heeft geadopteerd" (p. 128) en haar leven heeft gegeven voor hun gezamenlijke zaak. Amin verdenkt hem er daarom van een affaire met zijn vrouw te hebben gehad, maar Adel ontkent deze beschuldiging categorisch.

Amin ontmoet Adel pas als hij aan het eind van de roman door terroristen wordt ontvoerd. Hun confrontatie, die het einddoel was van al Amins reizen door Palestijns gebied, vormt de emotionele crux van de roman. De lezer ontdekt dat Adel en zijn oom een totaal verschillend wereldbeeld hebben: de eerste is toegewijd aan de strijd voor de vrijheid van zijn volk, terwijl de tweede gelooft dat individuele levens meer waard zijn dan welke zaak dan ook. Hij verwerpt de wereld van Adel, waar "de dood een doel op zich is" (p. 229). De twee mannen kunnen geen overeenstemming bereiken en hun ontmoeting eindigt in teleurstelling en vervreemding.

KIM SEHUDA

Kim Sehuda is een collega, collega-chirurg en oude vriendin van Amin die hij tijdens hun tijd op de universiteit heeft leren kennen. Zij is "mooi en spontaan en veel ruimdenkender dan de andere studenten, die een paar keer op hun tong moesten bijten voordat ze een Arabier om een vuurtje vroegen, ook al was hij een briljante student en een knappe jongen" (blz. 9). Ze hadden kort geflirt tijdens hun studententijd, maar Kim had een Russische man ontmoet en was hopeloos verliefd op hem geworden. Hij verliet haar vervolgens zonder enige waarschuwing om terug te keren naar zijn eigen land.

Die flirt mondt uiteindelijk uit in een hechte vriendschap. De dag nadat Amins leven op zijn kop is gezet, neemt Kim hem onder haar hoede: ze laat hem bij haar logeren, probeert hem tot rede te brengen, zorgt voor hem nadat hij is aangevallen en vergezelt hem uiteindelijk op zijn reizen, ondanks zijn woedeaanvallen en de gevaarlijkheid van zijn zoektocht. Ze neemt Amin mee naar de kust om haar grootvader te bezoeken als uitstel van de onrust in Tel Aviv, en blijft ook aan zijn zijde tijdens zijn roekeloze tocht naar Bethlehem. Na hun eerste reis in de voetsporen van Sihem stapt ze terug, laat Amin alleen en verdwijnt in het laatste deel van de roman.

Al met al is Kim een trouwe, toegewijde vriendin met "een gul hart" (p. 9), die Amin vergezelt bij zijn onderzoeken zolang zij daartoe in staat is.

NAVID RONNEN

Navid Ronnen is een hoge ambtenaar bij de politie van Tel Aviv. Zijn vrolijke karakter en gevoel voor humor maken hem tot een van Amins "meest innemende patiënten" (p. 26). Nadat Amin een succesvolle operatie heeft uitgevoerd op de moeder van Navid, bloeit hun relatie op tot een echte vriendschap.

Navid is van Israëlische afkomst en is zich terdege bewust van de realiteit van de situatie in zijn vaderland. Door zijn werk komt hij regelmatig in contact met "veel criminelen [...] en veel ronduit psychopaten" (p. 92), waaronder terroristen. Net als Kim is Navid altijd bereid Amin te helpen, ondanks diens humeur en wantrouwen – Navid redt hem bij twee verschillende gelegenheden, en hij is niet de enige die dat doet. Als Amin instort wanneer hij hoort wat Sihem heeft gedaan, vertelt Navid over zijn eigen onvermogen om haar beweegredenen te begrijpen:

> "Hoe is het in godsnaam mogelijk dat een gewoon mens, gezond van lichaam en geest, die keuze maakt? Heeft hij een fantasie of een hallucinatie die hem ervan overtuigt dat hij een goddelijke missie heeft gekregen? Hoe kan hij zijn plannen, zijn dromen, zijn ambities opgeven en besluiten een gruwelijke dood te sterven te midden van de ergste soort barbarij?" (p. 93)

Navid helpt Amin om de grens naar Palestina over te steken voor zijn laatste reis, ondanks zijn positie bij de politie.

FATEN

Faten Jaafari is de kleindochter van Omr, de familievader, en wordt beschreven als "een stevige, onbehouwen jonge vrouw, gevormd door een leven lang veeleisende huishoudelijke taken en het sobere bestaan van de ingesloten dorpen" (p. 237).

Ze is 35 jaar oud, en heeft "meer dan haar deel aan ongeluk gehad" (p. 237), want haar eerste man werd onmiddellijk na hun huwelijk vermoord en haar tweede verloofde stierf dagen voor hun huwelijk. Sindsdien heeft ze haar leven gewijd aan de zorg voor Omr: "Zonder haar zou Omr het niet redden. In het begin waren andere familieleden bereid voor hem te zorgen, maar uiteindelijk werd hij verwaarloosd" (blz. 249-250).

Ze stond al vijandig tegenover de Israëli's, omdat ze gelooft dat ze "niet meer hart hebben dan hun [bulldozers]" (p. 248), maar wanneer het huis van haar grootvader wordt vernietigd, verkalkt deze vijandigheid in regelrechte haat. De volgende dag is ze spoorloos verdwenen, vertrokken om te vechten voor de Palestijnse zaak. Amin beseft dat Faten haar familie heeft verlaten om een martelaar te worden, en gaat haar zoeken in Jenin, waar hij bij een aanslag op de stadsmoskee wordt gedood.

ANALYSE

HISTORISCHE EN POLITIEKE CONTEXT

Het verhaal speelt zich af in een klimaat van constante spanning tussen Joden en Arabieren, "twee uitverkoren volkeren die ervoor gekozen hebben een door God gezegend land te veranderen in een veld van verschrikking en woede" (p. 166), zoals blijkt uit de reactie van een Joodse man die bij de aanslag gewond is geraakt en die weigert door Amin behandeld te worden omdat hij Palestijn is.

Belangrijke data in het Israëlisch-Palestijnse conflict

- Tegen het einde van de 19^e eeuw stond Palestina onder Ottomaanse bezetting. De inwoners waren voor 85% moslim, 10% christelijk en 5% joods.

- Na de Eerste Wereldoorlog (1914-1918) werd het land onder Brits mandaat geplaatst.

- Tijdens de Tweede Wereldoorlog (1939-1945) gaf het antisemitisme in de vorm van pogroms en vervolgens de Holocaust – waarnaar de grootvader van Kim in de roman verwijst – aanleiding tot het zionisme, een beweging die pleitte voor de oprichting van een Joodse staat. Duizenden overlevenden van concentratiekampen emigreerden naar Palestina om daar een nationaal thuisland te stichten.

- In de jaren dertig braken de eerste Palestijnse opstanden uit, die door de Britse bezettingsmacht werden onderdrukt.

- In 1947 trok Groot-Brittannië zich terug uit het conflict, en de VN, die na de Tweede Wereldoorlog was opgericht, stemde voor de verdeling van Palestina in twee afzonderlijke naties: een Joodse, de andere Arabische. Ondertussen werd Jeruzalem uitgeroepen tot internationaal grondgebied, als een stad met een grote christelijke, joodse en islamitische bevolking "met zijn minaretten en zijn kerktorens" (p. 141).

- Israël riep zijn onafhankelijkheid uit op 14 mei 1948. Het land grenst in het zuidwesten aan Egypte en de Gazastrook, in het oosten aan Jordanië en de Westelijke Jordaanoever, in het noorden aan Libanon en in het noordoosten aan Syrië.

- In 1949 werd Israël lid van de VN. Op dat moment stonden Gaza en de Westelijke Jordaanoever onder Arabische controle. Omdat geen van beide partijen tevreden was met het plan van de VN om het land te verdelen, brak er een burgeroorlog uit, die al snel escaleerde in een internationale oorlog.

- In 1964 werd de Palestijnse Bevrijdingsorganisatie (PLO) opgericht en in 1969 werd Yasser Arafat (Palestijns staatsman, 1929-2004) tot voorzitter benoemd. In 1996 werd hij president van de Palestijnse Nationale Autoriteit.

- In 1993 voorzagen de Oslo-akkoorden in de oprichting van een onafhankelijke Palestijnse staat.

- In 2002 werd een veiligheidsbarrière geïnstalleerd langs de lengte van de grens met de Westelijke Jordaanoever, die ongeveer 15% van de Joodse kolonies daar afschermt. Het verklaarde doel van deze muur is het voorkomen van Palestijnse terroristische aanslagen, en hij wordt in de roman verschillende keren genoemd:

> *"Toch heb ik veel dingen gezien sinds ik naar de andere kant van de muur ben gegaan: kleine dorpen in staat van beleg; controleposten op elke toegangsweg; grotere wegen bezaaid met verkoolde voertuigen die door drones zijn opgeblazen; cohorten van de verdoemden, in een rij opgesteld en wachtend op hun beurt om te worden gecontroleerd, rondgeduwd en vaak teruggedraaid." (p. 200)*

Historische verwijzingen in de roman

Deze roman is verre van pure fictie en is gebaseerd op historische feiten, waardoor de lezer ruimschoots stof tot nadenken krijgt over het Israëlisch-Palestijnse conflict. Het verhaal weerspiegelt de historische realiteit door personen en bewegingen te noemen die het verloop van de oorlog rechtstreeks hebben beïnvloed en gevormd.

Als zodanig is Amins verhaal verankerd in een zeer specifieke context en zou het zich realistisch gezien hebben kunnen afspelen tijdens de Tweede Intifada (2000-2004). De Intifada, een Arabisch woord dat letterlijk vertaald "beving" betekent, verwijst naar een Palestijnse opstand tegen de Israëlische bezetting. Dit conflict wordt ook wel de "stenenoorlog" genoemd, een naam die wordt opgeroepen wanneer de kinderen Israëlische auto's stenigen.

Bij deze opstand waren twee grote groepen betrokken: de Islamitische Jihad, een nationalistische groepering die door belangrijke lidstaten van de VN als een terroristische organisatie wordt beschouwd, en Hamas, een islamitische beweging die bestaat uit een politieke vleugel en een paramilitaire vleugel, voornamelijk actief is in Gaza en tot doel heeft de staat Israël uit te schakelen.

Ook andere organisaties die streven naar Palestijnse onafhankelijkheid waren hierbij betrokken, en *De aanval* richt zich op de operaties van de al-Aqsa Martelaren Brigades, een van de milities die de Fatah-factie steunen, een Palestijnse politieke en militaire beweging die in 1959 door Yasser Arafat werd opgericht.

De roman verwijst ook naar een van de meest invloedrijke figuren in de geschiedenis van Israël: Ariel Sharon (Israëlisch generaal en politicus, 1928-2014), die werd beschouwd als de meest effectieve commandant van het Israëlische leger. Hij was ook premier van Israël van 2001 tot 2006 als lid van een rechtse regering.

De Shin Bet, de Israëlische contraspionagedienst, ook bekend als Shabak, speelt ook een rol in de plot van de roman. Leden van de terroristische groeperingen beschuldigen Amin er zelfs van te handelen in opdracht van het agentschap, omdat het werkt om aanslagen op Israëlisch grondgebied op te sporen en te voorkomen.

EEN POLYFONE VERTELLING

Meerdere gezichtspunten

Een van de grootste risico's van het schrijven van een roman over zo'n omstreden onderwerp is dat je onbedoeld of onbewust te dicht bij het onderwerp komt en partij begint te kiezen. Khadra omzeilt deze valkuil echter door meerdere gezichtspunten te gebruiken. Amins reis voert hem door zowel Israël als Palestina, en onderweg ontmoet hij een grote verscheidenheid aan mensen die bij het conflict betrokken zijn en hun verschillende reacties daarop:

- **Onwetendheid**. Voordat hij persoonlijk getroffen werd, was Amin een van de mensen die onwetend waren over het conflict, of beter gezegd, die hun ogen sloten voor "de traumatische gebeurtenissen die de hoop op verzoening ondermijnden tussen twee uitverkoren volkeren die ervoor gekozen hebben een door God gezegend land te veranderen in een veld van afschuw en woede" (p. 166). Aanvankelijk vertegenwoordigt de chirurg een deel van de bevolking dat niet noodzakelijkerwijs onverschillig staat tegenover het conflict, maar er geen persoonlijk belang bij heeft. In plaats daarvan blijft hij aan de buitenkant staan, zonder "de strijders aan de ene kant toe te juichen of de strijders aan de andere kant te veroordelen [omdat] ze allemaal een houding delen die hij zinloos en deprimerend vindt" (*ibid*.). Deze mensen proberen gewoon hun leven te leiden, of op zijn minst te overleven. Amin is echter niet helemaal passief: "In plaats van de andere wang toe te keren of terug te vechten, koos ik ervoor om patiënten te verzorgen" (*ibid*.).

- **Wantrouwen en racisme**. Decennia van bloedige conflicten hebben een klimaat geschapen waarin wantrouwen en racisme hoogtij vieren. Amin heeft tijdens zijn verblijf in Israël, vanaf zijn studietijd tot nu, regelmatig te maken gehad met racisme: "Al te bewust van de stereotypen die mij op het publieke plein kenmerken, probeer ik ze een voor een te overwinnen, door mijn best te doen en de wreedheden van mijn Joodse kameraden te verdragen" (pp. 96-97). Ilan Ros heeft Amin bijvoorbeeld nooit vertrouwd vanwege zijn afkomst en koestert daarom veel jaloezie jegens hem. Na de aanslag neemt deze paranoia alleen maar toe: Amin wordt meerdere malen aangehouden door de politie en zelfs in zijn eigen huis lastiggevallen door jonge Israëli's, terwijl hij er ook van wordt verdacht tijdens zijn verblijf in Palestina in opdracht van de Israëlische geheime dienst te hebben gehandeld.

- **Individueel vertrouwen**. Ondanks het brute conflict zijn sommige personages in staat verder te kijken dan generalisaties en vooroordelen en elk individu op zijn eigen merites te beoordelen door hen te beschouwen als onafhankelijke wezens die het voordeel van de twijfel verdienen, ongeacht wat alle anderen van hen denken. Voor Amin kunnen deze mensen in twee grote groepen worden verdeeld: zijn vrienden (Kim, Navid, Ezra Benhaim en de glazenier) en zijn patiënten. Zijn vrienden zijn hem zeer dierbaar: Ezra Benhaim, de ziekenhuisdirecteur, steunde Amin vanaf het begin "om [zijn] criticasters op afstand te houden" (p. 7). Amin's bedoeienen roots doen er voor hem niet toe, want zijn waarde wordt bewezen door zijn bekwaamheid als chirurg. Ondertussen zien Amins patiënten hem als de chirurg die hen heeft behandeld en, in sommige gevallen, hun leven heeft gered: zijn bekwame werk stelt hen in staat eventuele racistische vooroordelen te omzeilen en hem te beoordelen op zijn capaciteiten in plaats van op zijn afkomst. Wanneer Ilan Ros een razend populaire petitie start om Amin te verbieden terug te keren naar het ziekenhuis, protesteren veel van zijn voormalige patiënten hiertegen. Hierdoor wordt het ziekenhuis in een hoek gedreven tussen de ondertekenaars enerzijds en Amins voormalige patiënten anderzijds.

- **Passief engagement**. Een ander groot deel van de bevolking valt in deze categorie, waarin een individu partij kiest voor zijn thuisland: een Israëlische burger kan bijvoorbeeld horen zeggen: "De Palestijnen weigeren naar rede te luisteren" (p. 64). Ondertussen vertellen veel Palestijnen Amin dat ze trots zijn op Sihems offer, waaronder Yasser en zijn vrouw Leila, Amins pleegzus, en hun zoon vertrouwt Amin toe dat "zij ook militanten zijn, op hun manier" (p. 226). Deze nationalistische houding vertaalt zich echter niet noodzakelijkerwijs in actie.

- **Actieve, vaak gewelddadige betrokkenheid**. Voor sommige individuen is hun engagement voor de zaak zeer reëel en gebaseerd op actie. Vaak behoren zij tot organisaties als de Islamitische Jihad, de Hamas of de al-Aqsa Martelarenbrigades, waartegen de politie en de Israëlische geheime diensten zich verzetten. De twee partijen zijn al vele jaren verwikkeld in een kat-en-muisspel, en het daaruit voortvloeiende geweld is onontkoombaar. Wanneer sjeik Marwan bijvoorbeeld de Palestijnen oproept om zich bij de zaak aan te sluiten en te vechten, openen de Israëlische geheime diensten een aanval op de dienst die hij leidt. De commandant die Amin in de buurt van Jenin ontmoet, legt uit hoe hij tegen het probleem aankijkt:

> *"Het probleem, dokter, is dat andere mensen [jonge Palestijnen] die dromen ontzeggen. Andere mensen proberen hen op te sluiten in getto's tot ze er voorgoed in gevangen zitten. En dat is de reden waarom ze liever sterven. Als dromen worden afgewezen, wordt de dood de ultieme redding."* (p. 220)

Adel, Sihem en Wissam zetten zich in voor de Palestijnse zaak, en de laatste twee gaan zelfs zover dat ze er hun leven voor opofferen.

Er is een dunne lijn tussen passieve en actieve betrokkenheid, zoals blijkt uit het personage van Faten: zij leidt een relatief rustig leven in een Palestijns dorp, maar zij wordt gedwongen de sprong te wagen van passieve naar actieve betrokkenheid wanneer haar huis wordt verwoest door Israëlische represailles.

Introspectie

Uit Amins zoektocht naar de waarheid blijkt dat hij een diep humanistische man is die een boodschap van vrede en tolerantie voorstaat. Ook andere personages, zowel Israëliërs als Palestijnen, denken na over de zinloosheid van het conflict, dat Navid als volgt beschrijft:

> *"Zodra we onze doden hebben verzameld, sturen onze leiders de helikopters naar boven om een paar Arabische krotten uit te roken. Dan, net wanneer de regering klaar is om de overwinning te verklaren, zet een nieuwe aanval de klok terug. Hoe lang kan dit nog doorgaan?"* (p. 64)

Wanneer Amin de grens naar de Westelijke Jordaanoever oversteekt, ontmoet hij Zeev, een kluizenaar met wie hij uitvoerig spreekt. Uit hun gesprekken komt één bepaalde waarheid naar voren: "Elke Jood in Palestina is een beetje Arabier, en geen Arabier in Israël kan ontkennen dat hij een beetje

Joods is. […] Dus waarom is er zoveel haat tussen familiele-den?" (p. 242).

De roman verkent verschillende houdingen aan zowel Israëlische als Palestijnse zijde. Verstrikt in een conflict zonder uitzicht op een oplossing, houden beide partijen een eindeloze cyclus van geweld in stand zonder ooit naar het grote geheel te kijken, en door verschillende perspectieven in ogenschouw te nemen, zet de roman hun gezamenlijke onverzettelijkheid in schril daglicht. Het belicht ook iets anders dat de twee volkeren gemeen hebben: de talloze slachtoffers die aan beide zijden zijn gevallen. De polyfone benadering van de roman geeft de lezer daarom veel stof tot nadenken.

DE VORM

Stilistische technieken

De roman maakt gebruik van een cirkelvormige vertelling, waarbij de openings- en slotscène één en dezelfde zijn: de verteller wordt meegesleurd in de daaropvolgende explosie wanneer de auto van sjiek Marwan het doelwit is van een aanslag. Dit is een manier om de lezer te verrassen, omdat de roman hem een zeker déjà vu-gevoel geeft wanneer hij de laatste pagina's bereikt, en hem eraan herinnert hoe het allemaal begon. Dit is ook een manier van de auteur om te laten zien dat het verhaal eindigt waar het begint, en dus een op zichzelf staand geheel is.

Deze roman voegt echter nog een extra dimensie toe aan deze techniek door de lezer op een tweede manier te verrassen, want hij wordt ertoe gebracht te geloven dat de eerste explosie die is waarop in de titel wordt gezinspeeld. De aanval met de titel vindt echter pas in het volgende hoofdstuk plaats, waardoor de lezer verrast wordt en zijn aanvankelijke verwachtingen moet herzien. Dit betekent dat de titel meerdere, even geldige betekenissen kan hebben.

De eerste pagina's van de roman geven in feite het einde van het verhaal weer, wanneer de verteller, Amin Jaafari, per ongeluk wordt gedood. Deze verteltechniek staat bekend als een flashforward, of prolepsis, en omvat de weergave van gebeurtenissen die pas veel later in het verhaal plaatsvinden. In dit geval spelen de volgende hoofdstukken zich af vóór Amin's dood en volgen ze de laatste weken van zijn leven als hij hoort van de eerste aanslag, de betrokkenheid van zijn vrouw ontdekt en zijn onderzoek begint.

Vanuit thematisch oogpunt heeft het benadrukken van deze ene gebeurtenis een tweeledig doel:

- **Herhaling**. De explosies en de Israëlische drone-aanvallen worden herhaald, waardoor de indruk ontstaat dat de aanvallen aan weerszijden van de muur nooit zullen ophouden.

- **Echo**. De uiteindelijke explosie is een echo van de aanslag die Sihem aan het begin van de roman veroorzaakte. Beide volkeren worden rechtstreeks geconfronteerd met de verschrikkingen van de burgeroorlog. Ook de pijn en het lijden van de Israëli's en de Palestijnen echoën elkaar: als de ene partij een klap krijgt, duurt het niet lang voordat de andere partij de represailles onder ogen moet zien.

De roman is geschreven in de eerste persoon, waardoor de persoonlijke zoektocht van één man temidden van een complex geopolitiek conflict beter tot zijn recht komt. Amin is daarom uit de eerste hand getuige van de gebeurtenissen die hij beschrijft, en de roman eindigt met zijn dood. De laatste regels van het boek lijken zijn laatste gedachten te zijn, als hij terugdenkt aan iets wat zijn vader hem ooit vertelde: "Ze kunnen je alles afnemen wat je bezit – je bezit, je beste jaren, al je vreugden, al je goede werken, alles tot en met je laatste overhemd – maar je zult altijd je dromen hebben, zodat je je gestolen wereld opnieuw kunt uitvinden" (p. 257).

Interne monoloog

Het gebruik van de interne monoloog dompelt de lezer onder in de gedachten van de hoofdpersoon. Door ons onbeperkt toegang te geven tot zijn diepste gedachten, worden grenzen wazig: woorden vervagen tot gedachten en gedachten tot woorden. Dit brengt ons dichter bij de hoofdpersoon en geeft ons een dieper begrip van hem.

De syntaxis van de roman wordt ook gebruikt om het gebrek aan onderscheid tussen verteller en personage te benadrukken. De vertelling neemt vaak de vorm aan van een bewustzijnsstroom, die gekenmerkt wordt door kortere zinnen en Amins gedachtegang volgt, zelfs als die plotseling een andere wending neemt: "Het was precies op deze plek dat mijn moeder mijn doodgeboren puppy begroef. Mijn verdriet was zo groot dat ze samen met mij huilde. Mijn moeder… een barmhartige ziel […]" (p. 239).

Bovendien wordt de interne monoloog vaak gebruikt om specifieke thema's aan te snijden, zoals vragen stellen, worstelen met de eigen identiteit, zoeken naar de waarheid, twijfel, theoretiseren, enzovoort. Amins geest wordt overspoeld door twijfels, onbegrip en ontkenning, waardoor hij afwisselend sprakeloos, radeloos en tot razernij gedreven wordt. Als Amin bijvoorbeeld de brief van Sihem leest, zegt hij: "Mijn laatste referentiepunten zijn op de klippen gelopen" (p. 70).

Dankzij deze stilistische keuze kunnen we Amins "pijnlijke zoektocht naar de waarheid [die] zijn persoonlijke inwijdingsreis is geweest" (p. 233) uit de eerste hand volgen en getuige zijn van al zijn zorgen, twijfels en vorderingen. De lezer beschikt dus over alle informatie om zijn reis, zijn realisaties en zijn karakterontwikkeling te begrijpen.

Poëtische taal

De roman zit vol met metaforen en het taalgebruik doet denken aan poëzie. Deze stilistische keuze plaatst de vorm van de roman tegenover de inhoud, aangezien de thema's van terrorisme en dodelijk geweld donker, tragisch en uiteindelijk prozaïsch zijn. Deze techniek weerspiegelt het contrast tussen het pacifisme van de hoofdpersoon en zijn toewijding aan de mensheid, en de zelfmoordaanslagen van de Palestijnen en de gerichte Israëlische aanvallen. Dit contrast levert opvallend mooi proza op:

> *"De nacht maakt zich klaar om toe te slaan terwijl de dageraad ongeduldig wordt aan de poorten van de stad. [Geen spoor van romantiek blijft aan de hemel, geen wolk stelt voor de vurige ijver van de pasgeboren zon te temperen. Zelfs als zijn licht de openbaring zelf zou zijn, zou het mijn ziel niet verwarmen." (pp. 34-35)*

Khadra's schrijfstijl laat de lezer de vermengde pijn en schoonheid van de personages bijna als eigen voelen. Hij gebruikt ook een aantal metaforen die betrekking hebben op de zee ("Op het water fonkelt een oceaanstomer. Dichterbij slingeren de golven zich wanhopig tegen de rotsen. Hun geraas weerklinkt in mijn hoofd als de slagen van een knuppel", p. 52), wat resulteert in een romantische schrijfstijl die natuurlijke beelden koppelt aan menselijke emoties. Deze poëtische stijl creëert een soort schild tegen de bloedige realiteit van de oorlog. Khadra heeft ook verklaard dat hij *De aanval* schreef "om de absurditeit van deze oorlog aan de kaak te stellen, om mensen bewust te maken van deze menselijke tragedie en van het onrecht dat deze voortbrengt, om de inconsistentie te benadrukken van de ideologieën die de geesten verpletteren en de machtigen veranderen in vervolgers. Want er is niets belangrijker dan het leven van een individu, geen doctrine, geen ideologie, geen zaak die boven het recht op leven gaat. Bovendien behoort niets op aarde ons toe, ook niet ons vaderland en ons erfgoed, want de enige rijkdom waarop we rechtmatig aanspraak kunnen maken is ons eigen leven." (Urquiza, 2012). Op deze manier neemt Khadra een standpunt in, niet voor of tegen een van beide partijen, maar tegen de aard van de oorlog zelf.

VERDERE REFLECTIE

ENKELE VRAGEN OM OVER NA TE DENKEN...

- Wat is volgens u de boodschap van *De Aanslag*? Welk personage wordt gebruikt om het te brengen?

- Wat is uw interpretatie van de titel van de roman?

- Verklaar Amin's relatie met zijn erfgoed. Komt hij ermee in conflict?

- "In plaats van de andere wang toe te keren of terug te vechten, koos ik ervoor voor patiënten te zorgen" (p. 166). Gebruik dit citaat van Amin om te analyseren hoeveel belang de roman hecht aan individuele levens, in vergelijking met het belang van het vechten voor een "grotere" zaak zoals de vrijheid van een natie.

- Vergelijk de boodschap van *De aanval* met het volgende citaat van Albert Camus (Frans schrijver, 1913-1960) over de Algerijnse oorlog (1954-1962) tijdens zijn toespraak voor de aanvaarding van de Nobelprijs: "Mensen planten nu bommen in de trams van Algiers. Mijn moeder zou op een van die trams kunnen zitten. Als dat gerechtigheid is, dan heb ik liever mijn moeder" (Blincoe, 2013).

- Amin hecht meer waarde aan de liefde voor zijn vrouw dan aan een oorlog die uit naam van een "hogere" zaak wordt gevoerd. Is dit een egoïstische houding? Motiveer en breid je antwoord uit door te kijken naar de manieren waarop liefde in de roman aan bod komt.

- Is het mogelijk om tegelijkertijd neutraal en betrokken te zijn, zoals Amin, in elke situatie? Leg je antwoord uit.

- Vergelijk de situatie in Tel Aviv met die in Jeruzalem, Bethlehem en Jenin.

- Bepaalde aspecten van *De aanval* zijn typisch voor noir fictie. In hoeverre valt het boek onder dit literaire genre? Leg je antwoord uit.

- Vergelijk na het bekijken van de film de vertelstructuur ervan met die van de roman. Welk perspectief heeft de regisseur gekozen? Was het volgens u een geslaagde adaptatie?

VERDER LEZEN

REFERENTIE-UITGAVE

Khadra, Y. (2007) *De aanval*. Cullen, J. Trans. Londen: Vintage.

REFERENTIESTUDIES

Blincoe, N. (2013) Camus en de Algerijnse Revolutie. *Asharq al-Awsat*. [Online]. [Accessed 18 December 2017]. Beschikbaar via: <https://eng-archive.aawsat.com/nicholas-blincoe2/lifestyle-culture/jennacamus-and-the-algerian-revolution>

Urquiza, L. (2012) De romancier Yasmina Khadra beantwoordt uw vragen. *De Wereldbank*. [Online]. [Accessed 18 December 2017]. Beschikbaar op: <http://blogs.worldbank.org/youthink/fr/le-romancier-yasmina-khadra-r-pond-vos-questions>

AANPASSINGEN

Dauvillier, L. en Chapron, G. (2016) *De aanval*. [Graphic novel]. Ontario: Firefly.

The Attack. (2013) [Film]. Ziad Doueiri. Dir. Frankrijk/België/Qatar/Egypte: Canal+.

*We horen graag van jou! Laat
een reactie achter op jouw online bibliotheek
en deel je favoriete boeken op social media!*

De uitgever garandeert de betrouwbaarheid van de gepubliceerde informatie, die echter niet onder zijn verantwoordelijkheid valt.

www.50minutes.com

Master ISBN: 9782808687492
Papier ISBN: 9782808698894
Wettelijk depot: D/2023/12603/1169

Omslag: © Primento

Digitaal ontwerp: Primento, de digitale partner van uitgevers.